El tallador de sueños
Dream Carver

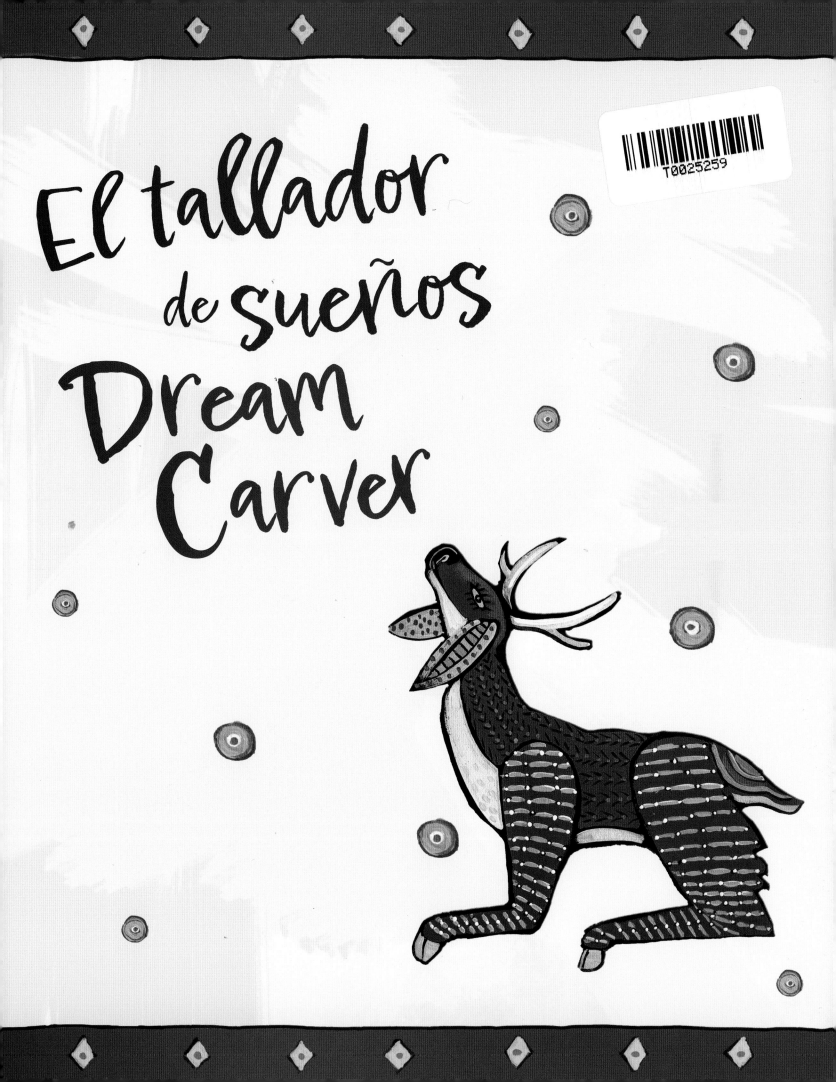

T0025259

El tallador
de sueños
Dream
Carver

By Diana Cohn

Illustrated by Amy Córdova Boone

Cinco Puntos Press

An imprint of Lee and Low Books Inc.
New York

Text © 2002, revised 2021 by Diana Cohn
Illustrations © 2002, revised 2021 by Amy Córdova Boone
Translation © 2022 by Eliza Chavez-Fraga
Afterword copyright © 2002 by Shepard Barbash
Photographs copyright © 1993 by Vicki Ragan & © 2021 Steven Boone

All rights reserved. No part of this book may be reproduced, transmitted, or stored in an information retrieval system in any form or by any means, electronic, mechanical, photocopying, recording, or otherwise, without written permission from the publisher.

Cinco Puntos Press, *an imprint of* LEE & LOW BOOKS Inc.,
95 Madison Avenue, New York NY 10016, leeandlow.com

The afterword is adapted from *Oaxacan Woodcarving: The Magic in the Trees* by Shepard Barbash, first published in 1993 by Chronicle Books. Used with permission by Shepard Barbash.

Book design by Elliane Mellet
Type set in Kinesis Pro 3
Translation assistance by Nathalie Bleser and Amy Córdova Boone

Manufactured in China by RR Donnelley
Second Edition
10 9 8 7 6 5 4 3 2 1

FSC MIX
Paper from responsible sources
FSC® C144853

Cataloging-in-Publication Data on file with the Library of Congress
PB ISBN 978-1-64379-635-2
EBK ISBN 978-1-64379-636-9

Summary : In this story, inspired by Oaxacan wood carvers, a young boy dreams of colorful, exotic animals that he will one day carve in wood.

Para la familia de Manuel Jiménez:
Artistas visionarios cuyo patriarca, Manuel, inspiró un
renacimiento en la talla de madera de Oaxaca.

For the Manuel Jiménez family—
visionary artists whose patriarch,
Manuel, inspired a renaissance in
Oaxacan wood carving.

—Diana Cohn & Amy Córdova Boone

Manuel vive en Arrazola, un pequeño pueblo de México acurrucado junto a las antiguas ruinas zapotecas de Monte Albán. Su familia cultiva maíz azul y alfalfa verde.

Manuel lives in Arrazola, a small village in Mexico nestled beneath the ancient Zapotec ruins of Monte Albán. His family grows blue corn and green alfalfa.

Desde que el gallo escandaloso canta al amanecer, Manuel y su papá tallan pequeños animales de madera para vender en las fiestas y para los turistas que visitan Oaxaca de todas partes del mundo. Como muchos de los talladores de su pueblo, Manuel y su papá tallan diminutos cerdos, gatos, perros y chivos, figuras tan pequeñas que caben en la palma de la mano. La hermana y la mamá de Manuel pintan las figuras con colores brillantes.

Every sunrise, when the rackety rooster crows, Manuel and his papa carve little wooden animals to sell at the fiestas and to tourists who visit Oaxaca from all over the world. Like many of the carvers in his village, Manuel and his father carve tiny pigs, cats, dogs, and goats—carvings so small they fit in the palm of a hand. Manuel's sister and mother, like many of the women of their pueblo, paint the carvings in bright, bold colors.

A Manuel le encantan las grandes fiestas de Oaxaca porque siempre hay muchas cosas deliciosas para comer. Se atiborra de tacos de pollo con mole negro y baila al son de las bandas del pueblo.

Él se ríe de sus padres que se tapan los oídos por el ¡PUM! ¡PUM! ¡PUM! de los cohetes gigantes que explotan uno tras otro.

Manuel loves the grand fiestas in Oaxaca because of all the delicious things to eat. He feasts on chicken tacos with black mole sauce and dances to the village bands.

He laughs as Mama and Papa put their fingers in their ears when PUM! PUM! PUM! the huge bottle rockets explode, one after another.

Más que nada, a Manuel le encantan los animales. Observa sus chivas cuando estiran el cuello para tomar agua, y las liebres que atraviesan los campos y brincan de un lado a otro. Manuel ve los gatos que se revuelcan en la hierba polvorosa y los perros tumbados en la sombrita.

More than anything, Manuel loves animals. He watches his goats stretch their necks to drink water and jackrabbits dart this way and that across the fields. He sees cats roll in the dusty grass and dogs lie down to rest in the shade.

Pero en la imaginación de Manuel las chivas son de color rosa como la buganvilia, con manchas de nopal verde, y los gatos son morados como cebollas, con motitas de maíz amarillo. "Algún día", se promete Manuel, "¡tallaré estos animales y les daré la vida!".

But in Manuel's imagination, goats are as pink as bougainvillea with cactus-green speckles and cats are as purple as onions with spots of corn yellow. "Someday," Manuel promises himself, "I will carve all these animals to life!"

Una mañana, Manuel le dice a su papá:

—Papá, en mi mente veo animales tan grandes que tendré que tallarlos con un machete. ¡Quiero hacerlos de una manera nueva!

—¿Por qué quieres tallarlos de manera diferente? —pregunta papá—. Siempre se nos ha dado bien como yo te he enseñado. Trabajamos los campos todos los días, apenas tenemos tiempo para crear nuestras tallas para vender en Oaxaca. Así que ¡déjate de tonterías!

One morning, Manuel says, "Papa, I see animals so big I will need to carve them with a machete. I want to make them in a brand-new way!"

Papa asks, "Why should you carve differently when it has always worked for us to carve the way I taught you? We work the fields all day and barely have time to make carvings to sell in Oaxaca. So stop these foolish dreams!"

Pero los animales seguían reptando y deslizándose por la mente de Manuel. Lo visitaban durante el día en el campo y en sus sueños. Una noche, un jaguar deslumbrante, color de rosa y oro, lo llamó con su vozarrón enorme:

—Haz una talla que me retrate, grande y salvaje, y te daré poder y fuerza para tallar todos tus sueños.

But Manuel cannot stop the animals from creeping and crawling through his dreams. They visit him in the fields during the day and in his sleep. One night, a dazzling gold-and-rose-colored jaguar calls out in his great voice:

"Carve me grand and wild, and you will find the power and strength to carve all your dreams!"

A la mañana siguiente, Manuel talla las figuras como le había enseñado su papá. Pero por la tarde, se escapa a buscar una rama de copal y lo corta con su machete.

Manuel trata de tallar el majestuoso jaguar que vio en su sueño, pero su figura se ve torpe. Luego talla un armadillo, pero se ve apagado. Cuando talla un pollo, le sale chueco.

—¡¿Por qué no sales como yo quiero?! —grita, tirando la figura al suelo.

The next morning, Manuel carves in the way he was taught by Papa.
But in the afternoon, he sneaks off to carve a branch of the copal tree with
his machete.

He tries to carve the mighty jaguar from his dream, but it looks clumsy.
Next, he carves an armadillo, but it looks lifeless. When he carves a
chicken, it is crooked. "Why don't you come out the way I want you to?"
he cries, throwing his carving to the ground.

Manuel sigue tallando día tras día y semana tras semana hasta que finalmente un día, mientras talla un quetzal, el pájaro iridiscente de la selva tropical, la madera se despega como plumas. Manuel lija el pájaro hasta que queda bien suave al tacto, y saca su pincel.

   ¡Manuel no puede creer lo que ve! Finalmente, ha tallado uno de los animales de sus sueños y le ha dado vida.

Manuel keeps carving day after day and week after week until finally one day as he carves the quetzal, the iridescent bird of the rain forest, the wood peels off like feathers. Manuel sands the bird smooth and takes out his paintbrush.

Manuel cannot believe his eyes. At last, he has carved an animal from his dreams to life!

Ahora las tallas son más fáciles de hacer. Cuando Manuel imagina una ardilla con motas blancas, una gacela con rayas anaranjadas o una rana con manchas negras y amarillas, ¡las talla como las imagina!

Now, the carving comes easier. When Manuel imagines a white-polka-dot squirrel or an orange-striped gazelle or a black-and-yellow-spotted frog, he carves them just like that!

Pero, lo que más le gusta es que nunca tiene ni idea de lo que va a tallar. Se sienta a contemplar la madera hasta sentir que un animal viene a inspirarlo. Manuel empieza a tallar… y tallar… y tallar hasta que —"¡Hola conejito!"—, y un pequeño conejo sale de la madera como si despertara de un sueño profundo.

But what he loves best of all is when he has no idea what to carve. He sits and looks at his woodpile until he senses an animal waiting to inspire him. Manuel begins to carve and carve some more, until, "Hola, conejito!" and a little rabbit pops out of the wood as if waking from a deep sleep.

Manuel mira a sus animales y se pregunta qué pensará su padre.
¿Se enojará? ¿Se sorprenderá? La próxima fiesta es el
Día de Muertos, el momento perfecto para mostrar sus tallas.

Manuel looks at his animals and wonders what his father will think. Will he be angry? Will he be surprised? The next fiesta is Day of the Dead, the perfect time to show his carvings.

Manuel apenas puede dormir la noche antes de la fiesta, pero en la madrugada cae en un sueño ligero. Oye un cuervo que le dice bajito:

—No tienes nada que temer: los animales de tus sueños están contigo.

Manuel can barely sleep the night before the fiesta, but in the early dawn he hears a raven softly call, "You have nothing to fear—your dream animals are with you."

Esa mañana Manuel exhibe sus esculturas mientras los músicos se preparan para tocar cerca del Templo de Santo Domingo. Como abejas atraídas por los dulces pegajosos de la fiesta, los niños corren todos hacia las tallas. Los colores brillantes y las formas encantadoras atraen a la multitud que está venga a hablar, venga a comprar.

That morning, Manuel displays his carvings as musicians gather near the Church of Santo Domingo. Like honeybees attracted to sticky-sweet fiesta candy, children swarm to Manuel's carvings. The carvings' dazzling colors and delightful shapes draw the chattering crowd to buy one after another.

Manuel siente una mano ligera en el hombro y se vuelve para ver
la cara radiante de papá. —Mi hijo, ya es hora de que me enseñes
esa nueva manera de tallar.

   —Papá —dice Manuel, mientras coloca el quetzal en los brazos
de su padre—, guardé mi talla favorita para ti.

"Papa," Manuel says as he places the quetzal in his father's arms, "I saved my favorite carving for you."

Manuel feels a gentle hand on his shoulder and turns to see Papa's beaming face. "My son, it is time for you to teach me a new way to carve!"

Abreviación de
Tallado en Oaxaca
LA MAGIA DE LOS ÁRBOLES
por Shepard Barbash

El estado de Oaxaca, seco y montañoso, es uno de los más grandes y pobres de México, pero con una de las más ricas tradiciones de arte popular. Desde la capital del estado, también llamada Oaxaca, el valle oaxaqueño nutre una increíble diversidad de artesanías: alfarería, pirotecnia, joyería, tejido, canastas, fabricación de velas y tallado en madera.

Los oaxaqueños llevan cientos o tal vez miles de años tallando juguetes para niños y máscaras religiosas. Sin embargo, el estilo que predomina hoy en día se debe única y exclusivamente a un hombre: Manuel Jiménez. Jiménez fue el primero en usar la madera que todos los talladores emplean ahora: el copalillo. Jiménez también fue quien quiso ir más allá de la tradición popular de la fabricación de juguetes en miniatura. Y fue él quien abrió el mercado internacional para todos los que siguieron sus pasos.

Oaxacan Woodcarving
THE MAGIC IN THE TREES
by Shepard Barbash

Dry and mountainous, Oaxaca (pronounced wa-HAH-ka) is one of Mexico's largest and poorest states, yet its folk-art tradition is among the richest. Stretching out from the capital city, which is also called Oaxaca, the Oaxaca valley nurtures an astonishing diversity of crafts: pottery, fireworks, jewelry, cloth, baskets, candles—and wood carving.

Oaxacans have carved children's toys and religious masks for hundreds, perhaps thousands, of years. The style that dominates today, however, can be traced back to a single man, Manuel Jiménez. It was Jiménez who first used the wood that all the carvers now use, copalillo. It was Jiménez who moved beyond the popular tradition of miniature toy

No fue tarea fácil. Durante treinta y cinco años, Jiménez se encontraba entre los habitantes más pobres de un pueblo de por sí muy pobre: Arrazola. De niño, Jiménez arreaba cabras y modelaba las cabras de su rebaño en arcilla. De joven recorría los montes, descalzo, en busca de hierbas y chapulines.

Incluso en las familias más exitosas de talladores, todo el mundo tiene que trabajar: padre e hijos tallan; madre e hijas pintan; niños chiquitos y abuelitos lijan. Todo esto, sin contar con las labores rancheras o granjeras. Esto es algo que destacar, ya que el éxito del tallado en madera no ha impactado negativamente la tradición agricultora de la región. Sin importar su grado de éxito, la mayoría de los talladores en madera siguen cuidando de sus milpas y animales, tal y como sus padres y abuelos hicieron antes.

Barbash, Shepard. *Oaxacan Woodcarving: The Magic in the Trees*. San Francisco: Chronicle Books, 1993.

making. And it was Jiménez who established the international market for all carvers who came after him.

It wasn't easy. For thirty-five years, Jiménez was among the poorest in a very poor village (Arrazola). As a boy, Jiménez herded goats and made models of his flocks in clay. As a young man, he would go barefoot into the hills to forage for weeds and grasshoppers.

Even in a successful carver's family, no one is idle: fathers and sons carve; mothers and daughters paint; smaller children and elders sand. And, they have farmwork. Remarkably, the carving boom has not done much to upset the region's farming tradition. Most carvers, no matter how successful, continue to grow their own food and herd their own animals as their fathers and grandfathers did before them.